BOEKANALYSE

AF143434

Gargantua

● ● ● ● ● ● ● ● ● ● ● ● ● ● ●

François Rabelais

BOEKANALYSE

Geschreven door Vincent Jooris
Vertaald door Nikki Claes

Gargantua

FRANÇOIS RABELAIS

MUST
READ

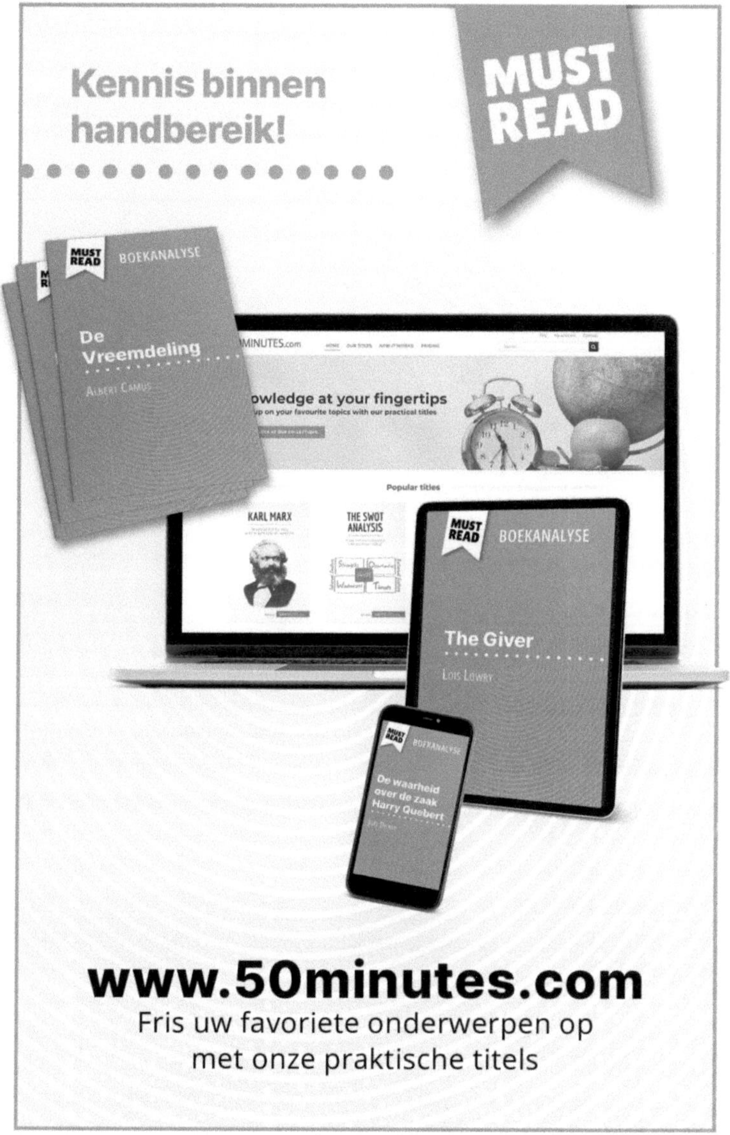
Kennis binnen handbereik!
MUST READ
MUST READ BOEKANALYSE
De Vreemdeling
Albert Camus
50MINUTES.com
owledge at your fingertips
Popular titles
KARL MARX
THE SWOT ANALYSIS
MUST READ BOEKANALYSE
The Giver
Lois Lowry
MUST READ BOEKANALYSE
De waarheid over de zaak Harry Quebert
www.50minutes.com
Fris uw favoriete onderwerpen op
met onze praktische titels

FRANÇOIS RABELAIS

FRANS HUMANISTISCH SCHRIJVER

- **Geboren in Chinon (Frankrijk) rond 1494.**
- **Overleden in Parijs in 1553.**
- **Opmerkelijke werken:**
  - *Pantagruel* (1532), roman
  - *Gargantua* (1534), roman
  - *Le Tiers Livre* ("Het derde boek", 1546), roman

François Rabelais werd geboren rond 1494. Hij was de zoon van een advocaat, maar besloot rond 1510 de heilige orden aan te nemen. Letterkundigen, zowel monniken als leken, deelden hun passie voor de Oudheid en het humanisme met hem. Rabelais verliet de geestelijkheid in 1527 om onbekende redenen en ging medicijnen studeren aan de universiteit van Montpellier. Daarna verhuisde hij naar Lyon, waar hij humoristische pamfletten schreef en begon te corresponderen met Erasmus (Nederlandse humanist, 1469-1536). Hij publiceerde ook zijn eerste twee boeken (*Pantagruel* en *Gargantua*), die door het college van Sorbonne werden gecensureerd. Rabelais werd vervolgens secretaris van Jean du Bellay (Frans bisschop en diplomaat, 1492/98-1560), die hij vergezelde naar Rome. Vanaf 1546 begon hij vervolgen op zijn boeken te publiceren, een beslissing die hem veel problemen opleverde met het college van Sorbonne. Enige tijd later wist de kardinaal hem de positie van kapelaan van Meudon te bezorgen, die hij in 1553 neerlegde.

Rabelais was een unieke, gecultiveerde en joviale man. Hij stierf in 1553 in Parijs.

GARGANTUA

VAN REUS TOT REUS

- **Genre**: roman
- **Referentie-uitgave**: Rabelais, F. (1894) *Gargantua*. Trans. Urquhart, T. Nottingham: Printed and Published for Private Circulation.
- **1ste editie**: 1534
- **Thema's**: folklore, lachen, parodie, onderwijs, oorlog, gigantisme

Gargantua werd in 1534 in Lyon gepubliceerd door François Juste, onder het pseudoniem Alcofribas Nasier (een anagram van de echte naam van de auteur, François Rabelais). Zijn eerste roman, *Pantagruel*, gepubliceerd in 1532, was al een groot succes. Maar in plaats van het verhaal voort te zetten, besloot Rabelais het leven van de vader van Pantagruel, Gargantua, te vertellen.

Het verhaal werd verschillende keren bewerkt en vóór de definitieve heruitgave in 1542 paste de auteur voorzichtig verschillende delen van het boek aan die onder vuur waren komen te liggen. De meest opvallende van deze aanpassingen was het veranderen van de woorden "theologen" en "Sorbonne" in "sophist".

Hoewel het boek het meest gestructureerde van Rabelais' verhalen is, valt het toch op door zijn unieke, creatieve taalgebruik. Rabelais is een sceptisch, spottend schrijver en verdedigt zijn ideeën altijd met het grootste wapen dat er is: de lach.

SAMENVATTING

KINDERJAREN EN OPVOEDING (HOOFDSTUKKEN 1-14)

Grangousier de reus trouwt met Gargamelle. Ze wordt zwanger en draagt de baby 11 maanden, wat volgens de verteller een teken is dat de baby perfect zal zijn. Gargamelle gaat naar een Mardi Gras banket. Ondanks de afkeuring van haar man propt ze zich vol met pens, drinkt ze veel wijn en danst ze veel. Op dat moment begint ze weeën te krijgen en bevalt ze op een nogal ongewone manier: het kind komt uit haar oor en roept "wat drinken, wat drinken, wat drinken". Zijn vader, koning Grangousier, noemt hem Gargantua. Voor het voeden van de enorme pasgeborene zijn duizenden koeien nodig.

Het kind is volledig vrij om te doen wat hij wil: hij drinkt, eet, slaapt, achtervolgt vlinders, rolt in het vuil, enzovoort. Zijn woordenschat is beperkt tot kinderachtig gebrabbel en scatologische fabels. Op een dag vindt Gargantua de wipebreech uit. In het besef dat zijn zoon zeer intelligent is, besluit Grangousier hem een privéleraar in te huren met de naam Tubal Holofernes. Maar de archaïsche en sofistische opvoeding die de man hem geeft, maakt Gargantua in feite minder intelligent. Op een dag verschijnt Eudemon, een geleerde page die Gargantua voor gek zet. Grangousier beseft zijn fout en stuurt zijn zoon naar Parijs om te studeren. Hij krijgt een enorme merrie cadeau van de koning van Numidia, en zij wordt Gargantua's rijdier.

Onderweg vernietigt Gargantua's paard per ongeluk een bos met haar staart. Wanneer hij de hoofdstad bereikt, plast Gargantua en verdrinkt de meerderheid van de inwoners. Vervolgens rukt hij de klokken uit de Onze-Lieve-Vrouwekerk om ze aan de hals van zijn paard te hangen. De overlevenden sturen een man genaamd Janotus de Bragmardo om met hem te onderhandelen. Hij spreekt echter zo absurd dat Gargantua hem komisch vindt. Janotus gaat naar de meesters van het college van Sorbonne om betaald te worden, maar die weigeren. De man spant onmiddellijk een rechtszaak tegen hen aan. De klokken worden uiteindelijk teruggegeven, en de Parijzenaars zorgen voor het paard van de reus.

Gargantua voegt zich eindelijk bij zijn nieuwe professor, Ponocrates. Het eerste wat zijn nieuwe meester hem laat doen is een drankje drinken dat zijn oude lessen uit zijn geheugen wist. Onder leiding van zijn ervaren leraar begint Gargantua zijn kritische geest te ontwikkelen, bestudeert hij grote teksten en leert hij wapens te gebruiken, om maar een paar aspecten van zijn opleiding te noemen. Van tijd tot tijd verlaat Gargantua de stad om tot rust te komen en te jagen met zijn schildknaap Gymnast.

OORLOG EN TRIOMF (HOOFDSTUKKEN 15-44)

Ondertussen is er een woordenwisseling in Gargantua's thuisland. Enkele koekenbakkers passeren een groep herders die over de wijngaarden van Grangousier waken. De herders vragen hen om wat koeken, maar de bakkers beledigen hen. Forgier, een van de herders, neemt aanstoot en begint hen de les te lezen. Een van de bakkers, Marquet, zegt hem dat hij zichzelf moet komen helpen, en slaat hem dan. De herder schreeuwt zo hard hij kan en gooit zijn knuppel naar het hoofd van Marquet. Uiteindelijk kopen de herders een paar koeken en gaan ze zich tegoed doen aan het feest.

De koekenbakkers gaan echter klagen bij Picrochole, de naburige koning, die kans ziet om Grangousier de oorlog te verklaren. Zijn leger verwoest het platteland van de reus en de abdij van Sevilla wordt aangevallen. Op dat moment ver- schijnt Broeder Johannes van de trechters en gobbets. Alleen verdedigt hij dapper het klooster en houdt tijdelijk de troepen van Picrochole tegen terwijl de andere monniken bidden.

Grangousier wil onderhandelen, maar Picrochole wil niet terug. De reus stuurt zijn zoon een brief waarin hij vertelt dat hij alles heeft geprobeerd om de vrede te bewaren. Na de mislukking van zijn ambassadeur, Ulric Gallet, besluit Grangousier de taartverkopers te betalen en de situatie die dit alles heeft veroorzaakt op te lossen. Picrochole ziet dit als een zwaktebod en hernieuwt de vijandelijkheden met ver- hoogde kracht.

Gymnast, door Gargantua op een verkenningsmissie gestuurd, wordt verrast door plunderaars. Om aan hen te ontsnappen, doet hij alsof hij door de duivel bezeten is en begint hij allerlei acrobatische toeren uit te halen op zijn paard. Nadat hij een gevecht bij het kasteel aan de doorwaadbare plaats Vede heeft gewonnen, gaat Gargantua naar zijn vader. Om zijn terugkeer te vieren wordt een feest georganiseerd. Gargantua verslindt bijna een groep pelgrims die zich onder wat sla in de tuin verstoppen. Broeder Johannes wordt de beste vriend van de jonge reus.

De gevechten gaan door zonder onderbreking. Uiteindelijk winnen de reuzen en hun vrienden. Picrochole vlucht en doodt in woede zijn paard. Hij probeert een ezel te stelen, maar hij wordt overvallen door enkele molenaars. Niemand weet wat er dan van hem wordt. Gargantua bevrijdt de meeste gevangenen, behandelt alle slachtoffers en leest de overwonnenen de absurditeit van dit soort conflicten voor.

DE ABDIJ VAN THELEME (HOOFDSTUKKEN 50-58)

Als beloning voor de moed van broeder Johannes bouwt Gargantua voor hem de abdij van Theleme, waarvan het motto wordt "Doe wat gij wilt". De leden ervan leven in perfecte harmonie en vrijheid.

Bij het graven van de fundamenten van het gebouw wordt een mysterieuze tekst ontdekt. De profetische puzzel leidt tot tegenstrijdige interpretaties, waarmee de roman eindigt.

KARAKTERSTUDIE

GARGANTUA

Gargantua is de hoofdpersoon van het verhaal. De etymologie van zijn naam is duidelijk verbonden met de keel: bij zijn geboorte schreeuwde Gargantua onmiddellijk om alcohol, vandaar dat Grangousier uitriep: "Wat hebt gij een grote en lenige keel." Hij is een reus.

Gargantua en zijn vader, Grangousier, zijn de perfecte representaties van barmhartige, beschermende vorsten:

- doen ze er alles aan om de vrede in hun koninkrijk te bewaren;

- hebben ze geen verlangen naar wraak;

- nadat ze de laatste slag hebben gewonnen, weigeren ze de landen die ze hebben veroverd te annexeren, waardoor ze hun vijanden verdere vernedering besparen;

- ze laten Picrochole niet executeren, maar ontnemen hem zijn koninklijke privileges, waardoor hij niet meer dan een gewone man wordt.

Velen zien Gargantua als een allegorie van Franciscus I, de koning van Frankrijk van 1515-1547, die Rabelais beschouwde als de ideale vorst, begiftigd met een uitzonderlijk gevoel voor moraal.

DE DOCENTEN

Holofernes en de bruid

Grangousier stuurt zijn zoon naar zijn eerste leermeester, Tubal Holofernes, en vervolgens naar zijn tweede, Jobelin Bride. Gargantua's opvoeding (hoofdstukken 8 en 20):

- wordt beheerst door zijn lichamelijke behoeften (gulzigheid, uitscheiding, hoesten, enz.) die bovendien onvoorspelbaar zijn (Gargantua heeft absoluut geen gevoel voor persoonlijke hygiëne);

- is verouderd (het is samengesteld uit willekeurige elementen uit de late Middeleeuwen, louter boekenkennis en een mengeling van werken van juristen en obscure grammatici);

- duurt extreem lang, aangezien het 54 jaar duurt;

- is gebaseerd op automatisch geheugen en rote learning: de leerling doet niets anders dan mechanisch teksten opzeggen, voor- en achteruit;

- maakt hem zeer passief: de mentor laat hem alleen maar boeken lezen, zonder hem om inspraak of inbreng te vragen, waardoor zijn kritische geest en zijn vermogen tot reflectie verloren gaan;

- heeft geen relatie met het echte leven.

EUDEMON

Eudemon is degene die benadrukt hoe nutteloos het onderwijs is dat Gargantua van Holofernes en Bride krijgt. De jonge page is heel anders dan Gargantua's leermeesters. Hij wordt beschreven als "zo netjes, zo in orde [...] en zo lief en aangenaam in zijn gedrag" (hoofdstuk 15), wat ons een aanwijzing geeft over de doeltreffendheid van zijn opvoeding, des te meer in vergelijking met de opvoeding van de jonge reus, aangezien zijn vroegere leermeesters duidelijk hebben nagelaten hem goede manieren bij te brengen. Gargantua beseft dit zelf ook, en begint te huilen, beschaamd, "het [zijn gezicht] verbergend met zijn pet", na het horen van de talentvolle toespraak die Eudemon houdt. De jonge page is dus de motor en het keerpunt van Gargantua's opvoeding, want op dat moment beseffen hij en zijn vader de grenzen van en de lacunes in het onderwijs dat leraren als Holofernes of Bride geven. Hierna wil Grangousier de opvoeding van zijn kind toevertrouwen aan de leermeester van Eudemon, Ponocrates.

PONOCRATES

Ponocrates biedt Gargantua een nieuwe stijl van onderwijs aan, gebaseerd op:

- **Humanistische kennis**. Zijn onderwijs is gebaseerd op klassieke Griekse en Latijnse auteurs, en op andere humanistische werken zoals *Lof der Zotheid* (1511) van Erasmus en *Utopia* (1515-1516) van Thomas More (1478-1535). Ponocrates opent Gargantua ook de ogen voor de wetenschappen die toen in ontwikkeling waren (astronomie, biologie, wiskunde, geneeskunde). Ten slotte wordt veel belang gehecht aan de interpretatie van religieuze teksten: de dag van de leerling begint en eindigt met een onderzoek van de Bijbel, zodat hij deze beter leert begrijpen.

- **Discipline van het lichaam en organisatie van de tijd**. De harmonie tussen lichaam en geest wordt hersteld

(*Mens sana in corpore sano*, "een gezonde geest in een gezond lichaam"): Gargantua leert zich te wassen, aan lichaamsbeweging te doen, enzovoort. Hij leert ook anders met zijn tijd om te gaan. Hij staat op voor zonsopgang en verspilt geen moment van de dag meer. Elk wakker uur gaat gepaard met een activiteit en er is geen ruimte voor luiheid. Bovendien worden verschillende dingen tegelijk gedaan: hij leert terwijl hij zich aankleedt, terwijl hij zich wast, terwijl hij eet, enz. Dit tempo aanhouden moet echter vermoeiend zijn, en daarom eist Rabelais niet dat het volledige programma letterlijk wordt gevolgd. Het is eerder een ideaal dat het algemene perspectief aangeeft van het leren dat hij adviseert.

- **Een reeks leermethoden**. Wanneer de intellectuele spanning overweldigend wordt, worden gesprekken in de open lucht, spelletjes en fysieke oefeningen in militaire stijl gebruikt als uitlaatklep.

- **De reflectie van de student**. Dit is een tijd voor Gargantua om zijn kritische geest te ontwikkelen en voor zichzelf te leren denken.

- **Praktische zin**. Rabelais' programma is niet afgesneden van de werkelijkheid; het verwaarloost het praktische leven niet. Het verwerven van kennis gaat hand in hand met het bestuderen van de natuur en de maatschappij: directe observatie en experimenten maken Gargantua's opvoeding compleet. Bovendien bestudeert Gargantua ook de wetenschappen, de geografie en zelfs de astronomie, gebieden die door zijn vorige leermeesters werden verwaarloosd.

👁 HUMANISME

In de westerse geschiedenis is het humanisme een denkschool die voor het eerst opkwam in Italië in de 14de eeuw en
zich vervolgens in de 15de en 16de eeuw over heel Europa ver-
spreidde. Het wordt gekenmerkt door een terugkeer naar de
Oudheid en een grenzeloos geloof in de morele en intellectuele vermogens van de mens. Voor humanisten verheffen
de dorst naar kennis en de ontwikkeling van kritisch denken
de mens, waardoor wij onszelf kunnen verbeteren en de
Schepping kunnen begrijpen. Het onderwijs staat dan ook
centraal in deze denkschool. De herontdekking van teksten
uit de Oudheid, de fundamenten van het humanisme, werd
gezien als een ware renaissance en maakte de geboorte van
de moderne wetenschappen mogelijk. Rabelais was een
van de grote humanisten van de 16de eeuw.

Met Holofernes en de bruid drijft Rabelais de spot met het
traditionele scholastieke onderwijs. Dit onderwijs, dat in de
11de eeuw begon te ontstaan en in de 13de eeuw zijn hoogte-
punt bereikte, had tot doel het christelijk geloof te verenigen
met de rede. Het leerde de leerlingen boekenkennis die geen
verband hield met het echte leven en geen reflectie, begrip of
intelligentie vereiste. Rabelais vindt deze manier van lesge-
ven te rigide, geestdodend en ongeschikt voor de tijd.
Gargantua komt er onwetend, breedsprakig en pretentieus
vanaf. Grangousier beseft de omvang van zijn fout wanneer
Eudemon (uit het Grieks, wat "de gelukkige" of "de gelukkige" betekent), een jonge page die volgens humanistische
principes is opgeleid, opduikt. Het contrast met zijn zoon is
zo duidelijk dat de koning besluit voor hem een leermeester

als Eudemon te zoeken, en stuit op Ponocrates (uit het Grieks, wat "hij die de inspanning weerstaat" betekent). De openheid en volledigheid van de humanistische opvoeding maakt Gargantua tot een persoon die het verdient om naar te luisteren. Voortaan is de hoofdpersoon in staat voor zichzelf te denken en is hij vertrouwd met Griekse, Latijnse en Erasmiaanse kennis. Zijn opleiding valideert zijn positie in de maatschappij: door te spreken is Gargantua in staat het handelen van de mensen te beïnvloeden en te sturen. Rabelais gebruikt *Gargantua* dus om de humanistische opvoeding te benadrukken en te prijzen.

GYMNAST

Gymnast verschijnt pas in hoofdstuk 23, terwijl Gargantua les krijgt van Ponocrates. Terwijl Ponocrates zorgt voor Gargantua's intellectuele ontwikkeling, leert Gymnast hem ridderlijkheid. Hij is als een complementaire tweelingbroer van het modelkarakter Eudemon. Terwijl Eudemon vooral opvalt door de subtiliteit en de kwaliteit van zijn spraak, toont Gymnast, een echte meester in acrobatiek, de volle omvang van zijn talenten in de gevechten met de troepen van Picrochole, waarin hij zijn vijanden met grote vaardigheid verplettert. Gymnast, wiens naam "de behendige" betekent, kan worden gezien als het perfecte voorbeeld van fysieke perfectie, een perfectie die hij Gargantua probeert te helpen bereiken. Zoals we elders in het boek hebben gezien, is dit een manier om de humanistische opvoeding te prijzen, omdat er een evenwicht is tussen de zorg voor het lichaam en het zoeken naar kennis. Bovendien is Gymnast niet alleen een vechtersbaas; hij toont ook wijsheid, zoals wanneer hij

kapitein Tripet verslaat ("het betaamt alle cavaliers beschei-
den gebruik te maken van hun geluk, zonder het te veront-
rusten of te ver op te rekken"), net als Eudemon, die het
paradigma is van goed afgeronde kennis, aangezien hij al
prachtige fysieke kenmerken heeft.

PICROCHOLE

Picrochole, de koning van Lerne, is impulsief en agressief.
Zijn naam betekent "de slechtgehumeurde". "Hij verklaart de
oorlog om een eenvoudige dorpsruzie. Hij belichaamt de
woedende veroveraar die vredesverdragen vergeet en geob-
sedeerd is door zichzelf.

Als Gargantua Frans I is, is Picrochole zijn rivaal Karel V
(Heilige Roomse Keizer, 1500-1558). Toen hij aan de macht
kwam, regeerde hij over een grondgebied dat Spanje en zijn
koloniën, het Koninkrijk der Twee Siciliën (Napels),
Bourgondië en de Zeventien Provinciën omvatte. In 1519
werd hij gekozen tot Heilige Roomse Keizer. Met zijn Europese
gebieden en zijn Spaanse koloniën erfde hij letterlijk een rijk
"waar de zon nooit ondergaat". Zijn motto, *Plus ultra* kan
vertaald worden als "verder dan", en impliceert dat er geen
grenzen meer waren aan de territoriale expansie.

Voor Rabelais is de episode van de oorlog met Picrochole een
gelegenheid om de excessen van de oorlog aan te klagen.
Zoals alle humanisten pleit hij voor vrede en diplomatie.
Grangousier, in de ogen van Rabelais de belichaming van de
ideale vorst, kiest voor de diplomatieke aanpak. Omdat hij
een vriendelijk heerser is, is zijn grootste zorg de gevolgen
van een oorlog voor zijn onderdanen en probeert hij zijn

tegenstander met alle mogelijke middelen te sussen. Maar de inspanningen van Grangousier falen, omdat Picrochole niet voor rede vatbaar is. Geconfronteerd met zo'n onoverkomelijk obstakel leggen de reuzen zich helaas neer bij de oorlog, maar zonder de minste zwakte te tonen: ze werken een vastberaden, methodische strategie uit.

FRIAR JOHN VAN DE TRECHTERS EN GOBBETS

Broeder Johannes mag dan onwetend zijn, hij is ook een pragmatische, gedurfde monnik die zich bekommert om de problemen van zijn tijd. Zijn ontmoeting geeft de held de kans om het nut van monniken en gebed te betwisten. Wanneer Broeder Johannes de vriend wordt van Gargantua, vormen de twee een duo dat doet denken aan dat van Pantagruel en Panurge. In beide gevallen wordt de voorname held vergezeld door een minder ontwikkelde antiheld. De interpretatie van de gebeurtenissen schommelt steeds tussen de visie van een van de twee, die vaak allegorisch is, en die van de ander, die zeer prozaïsch is. We zien dit bij het laatste raadsel, wanneer Gargantua meent een symbolische tekst te lezen, terwijl broeder Johannes niets anders ziet dan een beschrijving van *jeu de paume*.

ANALYSE

EEN GEMENGD WERK: VAN EEN KERMISFIGUUR TOT EEN BESCHAVENDE HELD

Voor het schrijven van *Gargantua liet* Rabelais zich inspireren door verschillende bronnen, waaronder folklore, romans, ridderromans en humanisme.

Gargantua was oorspronkelijk een populair folkloristisch personage uit traditionele mondelinge verhalen. Een anonieme transcriptie van zijn avonturen werd geschreven in 1532: *Grandes et Inestimables Chroniques du grand et énorme géant Gargantua* ("De grote en onschatbare kronieken van de grote en enorme reus Gargantua"), met veel schunnige grappen en soms zelfs obsceniteiten. Dit carnavaleske verhaal vertelt het leven van een naïeve reus in dienst van koning Artus, en was een zeer populair kermisverhaal. Rabelais behield slechts enkele scènes uit het oorspronkelijke verhaal, zoals de diefstal van de klokken van de Onze-Lieve-Vrouwekerk.

Het primitieve verhaal uit 1532 had *Gargantua* al in verband gebracht met de Arthurlegende. Rabelais baseerde zijn verhaal echter ook op ridderromans. Na de introductie van de fabelachtige, mythische erfenis van de hoofdpersoon, beschrijft hij andere episodes die typisch zijn voor dit genre: de wonderbaarlijke geboorte van de held, de openbaring van zijn mogelijkheden, zijn opvoeding, zijn verkenning van de wereld, de heldendaden die zijn moed bewijzen, zijn gevech-ten en zijn uiteindelijke triomf.

De invloed van andere genres, waaronder gedichten, gesprek-ken en lezingen, is ook terug te vinden in het verhaal.

Door ten slotte de overwegingen van humanistische literato-ren (zoals onderwijs, de oorlogen met Picrochole, de utopie van Theleme, enzovoort) aan het verhaal toe te voegen, maakt Rabelais van de hoofdpersoon een beschavende held.

Deze mengeling van genres kwam als een verrassing voor de 17de-eeuwse lezers. Rabelais laat uitersten naast elkaar bestaan in een paradoxaal universum. Deze vrijheid van de schrijver verhindert echter niet dat zijn roman zinvol is, integendeel.

DE BEVORDERING VAN HUMANISTISCHE IDEEËN EN EEN KRITIEK OP DE MIDDELEEUWSE INTELLECTUELE TRADITIE

Rabelais' roman sluit volledig aan bij zijn tijd en ontwikkelt en onderzoekt de grote vragen die de samenleving in die tijd bezielden. De humanistische tak van de filosofie gaat volle-dig in tegen de als verlammend ervaren scholastieke traditie van de Middeleeuwen, en Rabelais levert daaraan een belangrijke bijdrage met de originele methoden van klucht en parodie. Het komische effect is het meest opvallend wan-neer de onsamenhangende hansworsten van de sofistiek worden beschreven, of wanneer de excessen van de geleer-den van het college van Sorbonne ter sprake worden gebracht. We zien hoe het evenwicht van de humanistische beginselen veruit superieur is aan de absurditeiten van de scholastieke opvoeding. Nauwgezette hygiëne en respect voor het lichaam aan de ene kant, slordigheid aan de andere kant (theologen beschouwden de zorg voor het lichaam soms als een teken van te veel aandacht voor de materie, en dus als een zonde); een terugkeer naar de directe studie van de Bijbelse teksten tegenover strikt formalistische en kwantitatieve godsdienstoefeningen; lichamelijke oefeningen tegenover gulzigheid en overmatig drinken... De erbarmelijke resultaten die met de eerste leermeesters worden behaald, benadrukken de hoeveelheid tijd die met dit soort onderwijs verloren gaat. Gargantua besteedt het grootste deel van zijn tijd aan banketten en rituele gebeden in plaats van serieus te leren en zich te ontwikkelen. Humanistisch onderwijs daarentegen probeert kennis te ontwikkelen door zich te richten op reflectie en kritisch denken, zonder het essentiële onderhoud van de lichamelijke vermogens te vergeten die nodig zijn voor een goede gezondheid.

We zijn getuige van de ontwikkeling van een echt programma in plaats van alleen maar een vergelijking tussen twee verschillende manieren van doen, een programma dat het zoeken naar het juiste evenwicht tot de kern maakt van elke gezonde vooruitgang. Het is belangrijk een evenwicht te vinden tussen intellectuele kennis, morele reflectie en lichamelijke verzorging, tussen werk en rust, tussen kunst en wetenschap, en tussen theoretische kennis en praktische ervaring. En bovenal zet de auteur een voor die tijd zeer nieuw idee uiteen: het belang van de actieve deelname van de leerling zelf tijdens zijn opleiding, waarbij hij wordt uitgenodigd om voortdurend na te denken en zichzelf vragen te stellen. Rabelais laat zich echter nooit vangen in één pro-gramma, en terecht: de winden van vrijheid en gigantisme die door deze bladzijden waaien, gewijd aan thema's die van vitaal belang waren voor de intellectuele en filosofische avonturen van zijn tijd, blijven de leidraad van de roman. De komedie, die als krachtig wapen dient tegen de tekortkomin-gen van de pedagogische tradities van zijn tijd, inspireert ook tot een vrijere en kleurrijkere literaire creatie.

BETEKENIS ACHTER DE LACH

Het voorwoord richt zich rechtstreeks tot ons en suggereert een bijzondere manier van lezen: we moeten op de botten kauwen en "het merg eruit zuigen". Rabelais nodigt zijn lezers uit om geen genoegen te nemen met de letterlijke betekenis van het boek; we moeten verder gaan dan dat. Met andere woorden, we moeten het boek niet letterlijk nemen. De auteur wil dat we gaandeweg tussen de regels door lezen. *Gargantua is* dus allesbehalve een louter amusante vertelling.

De komische levendigheid is inderdaad alleen op het eerste gezicht zinloos. Tussen de burleske, belachelijke episodes vinden we subtielere elementen. Als een geïnformeerde lezer bepaalde passages ontleedt, ontdekt hij een veelheid aan verwijzingen naar de problemen van zijn tijd, of die nu filoso-fisch, moreel of religieus zijn. Enkele van de meest opval-lende thema's die Rabelais aansnijdt zijn de oorlog, die hij bekritiseert, de kwaliteiten van een goed vorst en de kenmer-ken van een goede opvoeding.

Het verhaal van Rabelais zet dus aan tot debat, puzzels en discursieve vragen, zij het op een nogal joviale en groteske toon. Geen enkele eenduidige lezing kan de betekenis van het verhaal vastleggen. Lezen is een voorwendsel om na te denken over de wereld: het nodigt uit tot nadenken, zet aan tot debat en laat ons toe ons eigen oordeel te vormen. De lezer is dus betrokken bij het leesproces.

RABELAIS' GEVOEL VOOR HUMOR

Het verhaal van Rabelais is uiterst komisch. Voor melancholie is in dit boek geen plaats: alle verhalen ontvouwen zich met enthousiasme. Het belangrijkste doel van de auteur is immers zijn lezer aan het lachen te maken. Lachen heeft volgens hem een helende werking: het verlicht angst, vermoeidheid, melancholie en andere kwalen. Als arts schreef Rabelais zijn romans in de eerste plaats om zijn patiënten te genezen. Hij gebruikt daarvoor verschillende technieken: gigantisme, verbale inventie, parodie en overdrijving.

Gigantisme

Reuzen, die eigenlijk niet meer zijn dan vergrote mensen, komen in allerlei folklore voor. Ze zijn een bron van komedie dankzij het simpele contrast met onze gemiddelde mensheid: we lachen dus om de beschrijving van Gargantua's bouw, om de hoeveelheid materiaal die nodig is om hem te kleden en om alle voorwerpen die speciaal voor hem zijn gemaakt. Ook moet worden opgemerkt dat het gigantisme de auteur in staat stelt zeer vermetel en zeer kritisch te zijn, terwijl hij toch de bescheidenheid van het publiek en van de hedendaagse maatschappij beschermt.

Verbale uitvinding

Rabelais verbaast en laat ons lachen met zijn taalgebruik. Hij vermengt technische termen, onomatopeeën en oude, vreemde en dialectische woorden. Hij is ook de vader van vele neologismen in de Franse taal – zoals "ramentevoir" ("bethink"), "pamparigouste" ("Timboektoe"), "coquecigrue" ("chimera"), "croquelardon", "goguelu", "matagraboliser", "trepelu" – en spreekwoorden die nu klassiek zijn geworden, zoals:

• "Lachen is eigen aan de man" (Proloog);

• "het is niet het habijt dat de monnik maakt" (Proloog);

• "eetlust komt met eten" (Hoofdstuk 5).

Bovendien zijn zijn zinnen doorspekt met woordspelingen: "De grote God heeft de planeten gemaakt, en wij maken de schalen netjes" (ibid.).

Parodie

Rabelais maakt veelvuldig gebruik van parodie, waarbij hij de bestaande normen doorbreekt. Zo vermengt hij nobele onderwerpen en triviale onderwerpen, wat leidt tot komische situaties.

Hij parodieert met name de riddercode, die hij verouderd en onrealistisch vindt (hoofdstuk 34). Wanneer ze geconfronteerd worden met de blinde, domme kracht van hun tegenstanders, vechten de reuzen en hun vrienden liever terug met verstand en humor.

In verhalen van ridders:

- de protagonisten gebruiken edele wapens (zwaarden, lansen);

- de vijanden zijn gedisciplineerde, integere mannen die op eervolle wijze in de strijd worden verslagen;

- weerstaan de krijgers klappen zonder te worden afgeremd door hun verwondingen.

In plaats daarvan, hier:

- Gargantua gebruikt een ontwortelde boom terwijl zijn vijanden vuurwapens gebruiken;

- de vijanden zijn lafaards (deserteurs en plunderaars) en ze sterven op belachelijke manieren (verdronken in de urine van de reuzenmerrie);

- Gargantua ziet kanonskogels aan voor druivenpitten en vliegen.

Overdrijving

De personages van Rabelais scheppen veel genoegen in buitengewone opsommingen, exacte getallen, nutteloze details, fantastische hyperbool, ongepaste vergelijkingen, de herhaling van woorden en uitdrukkingen, enzovoort.

Zo weten de adviseurs van Picrochole aan zijn megalomane trots tegemoet te komen (hoofdstuk 31). Ze moedigen zijn imperialistische waanzin aan en denken aan het veroveren van de hele wereld. Om ervoor te zorgen dat hun toespraak hem zal bevallen, nemen ze Alexander de Grote (koning van Macedonië, 356-323 v.Chr.) als voorbeeld en maken ze een lange lijst van veroverde gebieden, waarbij ze zelfs de namen van landen verzinnen. Bovendien herhalen deze verzinsels dezelfde klanken, wat de indruk wekt van een kinderrijmpje. Om geloofwaardiger over te komen, noemen ze ook overdreven nauwkeurige getallen. Het is niet zo dat hun suggesties dwaas zijn.

UTOPIA: DE ABDIJ VAN THELEME

Aan het eind van het verhaal wordt broeder Johannes voor zijn moed beloond met de abdij van Theleme, die de zetel wordt van een nieuw soort religieuze organisatie. De abdij is de bakermat van een perfecte nieuwe samenleving, bestaande uit mooie, rijke, gecultiveerde en goed opgeleide jongeren. Het leven daar kent geen conflicten of meningsverschillen.

Door te beschrijven wat de bewoners daar doen, benadrukt Rabelais wat ze niet doen. Daarmee neemt hij een compleet tegenovergestelde houding aan van de uiterst beperkende kloosterregels die hij persoonlijk heeft meegemaakt. Theleme is inderdaad een plaats van diversiteit en vrijheid van meningsuiting en beweging. Iedereen is vrij om te zeggen en te doen wat hij wil: in het Grieks betekent *thelema* "vrije wil". Bovendien zijn alle geloften van kuisheid, armoede en gehoorzaamheid afgeschaft.

Het motto van het klooster is "Doe wat gij wilt". Maar als iedereen alleen doet wat hij wil, kan er geen sprake zijn van een echte gemeenschap: hoe kunnen wederzijds respect en morele verheffing worden verzekerd? Hoe kunnen excessen en losbandigheid worden bestreden? In feite veronderstelt Rabelais dat de uitoefening van de individuele vrijheid het streven naar het algemeen welzijn bevordert. Het systeem van de abdij beantwoordt dus aan het vertrouwen dat Rabelais, net als alle humanisten van zijn tijd, stelt in de menselijke natuur.

De utopie van Theleme is meer een symbool dan een echt project. Deze ideale plek is namelijk te harmonieus, te goed bestuurd en vooral niet gemaakt voor de reuzen en hun vrienden. De personages van Rabelais zijn wezens van de dialoog. Ze voelen de behoefte om te reizen in een wereld die voortdurend in beweging en verandering is, de bron van onvermoeibare controverses en kwaadaardige schandalen. In Theleme verplettert de behoefte aan eenheid alle verschillen. Elk woord wordt verdronken in de collectieve wil. Daarom kan de auteur zijn schepsels er niet in houden, want dat zou hetzelfde zijn als ze gevangen houden. Het zou hun verschillen, die zo charmant en betekenisvol zijn, uitwissen. Bovendien zal de Abdij van Theleme snel vergeten worden in de boeken die volgen. Niets kan het verlangen van de mens beteugelen om de wereld in vraag te stellen.

ONTVANGST VAN DE ROMAN

Zoals bij alle romans van Rabelais varieert het succes van *Gargantua* met de lezers en de tijd. Terwijl *Pantagruel geen* argwaan wekte bij de censuur en slechts werd bekritiseerd om zijn obsceniteit, veranderde alles met het verschijnen van *Gargantua*. In een context van toenemende religieuze vervolging werden teksten en hun "merg" verdacht, wat verklaart waarom Rabelais in zijn tijd weinig openlijke bewonderaars van zijn werk had, ondanks de ruime verspreiding van het boek.

Met het verstrijken van de tijd en de commentaren van de auteur die hem als een hansworst en alcoholist afschilderde, wist Rabelais altijd sterke reacties los te maken, een feit dat boekdelen spreekt over de kracht van zijn roman. Zijn strijd tegen obscurantisme en voor individuele vrijheid, evenals zijn subversieve, creatieve gebruik van taal en de roman-vorm, blijven ter discussie staan en inspireren anderen in de Franse literatuur, van moralisten tot de meest moderne auteurs, waaronder de romantici en de denkers van de Verlichting.

VERDERE REFLECTIE

ENKELE VRAGEN OM OVER NA TE DENKEN...

- Welke verschillen zijn er tussen de reuzen van Rabelais en bijvoorbeeld de sprookjesachtige ogers?

- Hoe onthullen de namen van de personages hun karakter? Leg uit aan de hand van voorbeelden uit het boek.

- Welke technieken gebruikt Rabelais in hoofdstuk 5 om ons te laten geloven dat de gebeurtenissen die hij vertelt waar zijn? Welke details maken de lezer duidelijk dat Rabelais het eigenlijk niet meent?

- Zoek de tekst van de *Regel van Sint Benedictus* (geschreven voor Benedictijnse monniken rond 540) en vergelijk de inhoud ervan met het systeem van de Abdij van Theleme. Wat valt je op?

- Friar John's interpretatie van de wereld staat tegenover die van Gargantua. Hoe komt dit verschil in visie terug op het beeld van een bot om op te kauwen en van het zachte merg binnenin?

- Achter de komedie gaan veel serieuzere onderwerpen schuil. Leg uit wat Rabelais' versie van komedie is en wat zijn serieuzere doelstellingen zijn.

- Rabelais spoort ons aan verder te gaan dan de letterlijke lezing van de roman. Bij uitbreiding zou hij ongetwijfeld dezelfde aanpak voorstellen voor religieuze teksten (bijvoorbeeld de Bijbel). Verklaar deze uitspraak.

- "In *Gargantua* is er een zekere dubbelzinnigheid die door de hele roman heen hangt." Rechtvaardig deze theorie.

- Zijn er volgens u overeenkomsten tussen *Gargantua* en *Don Quichot* van Cervantes (gepubliceerd tussen 1605 en 1615)?

- Erasmus' *Lof der Zotheid* gebruikt satire als wapen in de intellectuele strijd. In welk opzicht is dit vergelijkbaar met wat Rabelais doet in *Gargantua*?

- Wat maakt Rabelais tot een humanist?

- Welk onderscheid kunt u maken tussen het duo van Gargantua en Pantagruel en de groep die wordt gevormd in *Le Tiers Livre* ("Het Derde Boek"), *Le Quart Livre* ("Het Vierde Boek") en *Le Cinquième Livre* ("Het Vijfde Boek")?

VERDER LEZEN

REFERENTIE-UITGAVE

Rabelais, F. (1894) *Gargantua*. Trans. Urquhart, T. Nottingham: Printed and Published for Private Circulation.

REFERENTIESTUDIES

Merritt, Y. (Geen datum) The Unquenchable Thirst to Understand: Francois Rabelais' Satire op Middeleeuws en Renaissance-leren in 'Gargantua en Pantagruel'. *Ampersand: de wetenschap van de kunst; de kunst van de wetenschap.* [Online]. Deel 2. [Accessed 3 April 2017]. Beschikbaar via: < http://itech.fgcu.edu/&/issues/vol2/issue2/rabelais.htm>

Gioia, T. (Geen datum) "Gargantua en Pantagruel" van François Rabelais. *Conceptuele Fictie.* [Online]. [Accessed 3 April 2017]. Beschikbaar via: < http://www.conceptualfiction.com/Gargantua_and_Pantagruel.html>

*We horen graag van jou! Laat
een reactie achter op jouw online bibliotheek
en deel je favoriete boeken op social media!*

De uitgever garandeert de betrouwbaarheid van de gepubliceerde informatie, die echter niet onder zijn verantwoordelijkheid valt.

www.50minutes.com

Master ISBN: 9782808687553
Papier ISBN: 9782808698955
Wettelijk depot: D/2023/12603/1175

Omslag: © Primento

Digitaal ontwerp: Primento, de digitale partner van uitgevers.